www.ingramcontent.com/pod-product-compliance
Lightning Source LLC
Chambersburg PA
CBHW071252130726
47998CB00003B/1157

ستارة من الضباب

عندما ينقشع الضباب وتتعرى الحقائق..

سناء قصيبة

اسم الكتاب : ستارة من الضباب

تأليف : سناء قصيبة

تصميم الغلاف : آلاء نبيل " غيث "

الإخراج الفني : فريق عمل بصمة كاتب

تنسيق : سارة عيد

تصنيف الكتاب : نصوص وخواطر

المقاس : 14 × 20

إصدار: 2024

رقم الإيداع : 2024/1776

الترقيم الدولي : 8 – 43 – 8994 – 977 – 978

مديرة الدار : حبيبة شبل

للتواصل والاستفسار / 01093187904

ستارة من الضباب

الإهداء:

إلى:

تلك التي كلما غصتُ بداخلها غَرِقتُ، الروح التي أشعر دوما أنني في حُبها مُقصرة، الإنسانة الأحب إلى قلبي، الإنسانة التي سأظل أفخر بها دوما.. إِلَيَّ أنا!

إلى:

كل الذين وثقوا بقلمي ولم يترددوا ثانية في دعمي، إن كنتُ محاربة وبُنْدُقِيَّتي القلم فأنتم رصاص بندقيتي وحبر قلمي، وفي ساحة الكتابة بكم رفعتُ علمي، أنا جد ممتنة لكم!

إلى:

العظماء الذين قرأت لهم، فتركت حروفهم في وجداني أثرا وصدى طيبا.

إلى:

الذين سيشهدون بين سطوري انقشاع الضباب وتعري الحقائق، إلى أعزائي القراء!

مقدمة:

عزيزي القارئ!!

تحتاج كلماتي عقلا وافٍ منك، وتركيزا تاما مكتملا، إن قرأت السطور قد تمتنع عن إكمالها وتفر هاربا، لكن إن فتحت عقلك وأعطيت حروفي كامل تركيزك وقرأت ما بين السطور فحتما لن ترفع رأسك عن صفحات هذا الكتاب حتى تلتهم عيناك كل سطوره، وعندها فإني أئتمنك على حروفي فهي أمانة عندك أبقها حية في عقلك.

لم تدرك أبدا كم كان ضبابك كثيفا حتى رفع.

جي آر وارد

أفضل وسيلة لمقاومة الأكاذيب هي الحقيقة، لا يوجد أي ذخيرة ضد القيل والقال، إنها مثل الضباب والريح تهب وتزيحها بعيدا ثم تحرقها الشمس.

إرنست همينغوي

- 9 -

فجأة سقط ضباب من عيني وعرفت الطريق الذي يجب أن أسلكه

إدوارد جريج

مُعَقَّدةٌ وفراغ لا يبغيان

حَدَّثوني عن الفراغ فالتحمت شفتاي ببعضها البعض لتحتجز فراغا من الصمتِ، الصمتُ الذي لم تستطع أن تستوعبه عقولهم تلك لتستنبط أنني أَسَرْتُ كلمات، اندهشتْ عيناي ودار كل بؤبؤ فيهما حول نفسه وسط قزحِيَّتِه، فأفرجتُ دون قصد عن نظرة خواء.

قالوا أَوَ تبخلين حتى بقول قد يكون مفاده أباطيل؟ أَوَ اتخذتِ الخَرَسَ والوجوم خَدينَيْنِ لكِ ومُؤنِسَيْن؟

وهل لي بأن أتفوه بقول وكلام عن شيء لا أعرفه؟ حياتي شاغرة من الفراغ، هذا الأخير لا أدري به ولم أَتَبَيَّن كُنهه؛ اقتعدتُ داخل مَرْكَبٍ رسا بعيدا رفقة كتاب فأحنيتُ رأسي لأختلس بعيناي فحوى سطوره، وجدتُ حروفه وكلماته كنوزا فكلما تدحرجتُ بين الصفحات غَزُرَ العطاء، سهوتُ عن نفسي ونسيت المكان والزمان فقد كنت في حالة عكس الموت التي تغادر فيها الروح الجسد، غادر جسدي روحي، أين ذهب؟ لا أعرف ولا أريد أن أعرف غير أنني أبغي هذا الحال؛ ختمتُ الكتاب ورفعت رأسي فكانت أنا التي فَتَحَتِ الكتاب غير أنا التي أَغْلَقَتْهُ، وكانت العينان التي قرأت أول سطر غير تلك التي قرأت آخر سطر، بدأتُ الكتاب بعقل مُقْفِرٍ وَوَدَّعْتُهُ بعقل مكتظ ومترع بالأفكار، رفعتُ رأسي فوجدتُ المركب قد تحرك ليشق بي عباب البحر، أعليتُ بصري فلم أرَ غير مياه اليَمِّ تحيطني وأنا قابعة وسط هذا الصغير، نظرتُ بعيدا لأكشف بُعْد اليابسة عني فكان من الواضح أنها توارت تماما عن ناظري، فلم ألمح غير فضاء أزرق فَتَّان يتباهى بتلاقي واندماج زرقة مياه بحره بزرقة سمائه في كل ميمنة، فكيف السَبيل إذن لمغادرة هذا المركب الصغير؟ إن قفزتُ

فحتما سألقى حتفي فجسدي الضئيل هذا لن يقوى بأن يتجلد بالصبر كي لا يغرق وسط هذا الهائل من الماء الذي يدفع تارة ويسحب تارة أخرى، قد تهزم كل شيء لكنك لن تستطيع أن تهزم قطرات ماء ضعيفة اتَّحَدت داخل البحر، لن أستطيع حتى الارتفاع بضع سنتيمترات عن سطح هذا المركب فأنا عاجزة تماما عن الطيران والتحليق، إذن فماذا عساي أفعل غير التسليم بأن قدري مكتوب بأن أبقى وسط هذا المركب، أستمتع بجمال زرقة هذا الفضاء، أَشْتَمُّ رائحة مياهه المالحة، أسمع تارة أصوات عصافير تلقي عليّ السلام بزقزقتها وهي مارة عبر السماء من فوقي وتارة أخرى أسمع صوتا قويا ينبثق من داخل المياه يجعلني أتقوقع حول نفسي للحظة، إنه صوت الحوت! رمقتُ داخل المركب كُتُبا كثيرة غُصْتُ داخل هذه الكتب واحدا تلو الآخر كما فعلت مع الأول الذي أقعدني في هذا المركب، لم أستطع أن أنهيها كلها وكأن بعضها يَلِدُ بعضا، فدوما في انتظاري كتاب لأقرأه وأفكار لأدونها ودوما في انتظاري صورة لأحللها؛ سُطِّر لي بالمسطرة والقلم ألا أعرف فراغا، أين هو لأصافحه حتى؟ فَلَكَمْ تمنيتُ أن أركض وراء الوقت وما إن أمسك به أقيده بالسلاسل والأغلال وأحول سرعته تلك إلى بطء شديد، أجعل من حركته ثباتا وأفعل كل ما يحلو لي وأنهي كل شغل يشغلني حتى لو لم تكن له نهاية وأجد بحوزتي وقت فراغ، وقتها ما كنت شحيحة معهم بالكلمات فقد كنت سأرسلها تباعا كالطلقات؛ لكن الآن إن أفصحت لهم عن كينونتي ستقابلني عيون ساخرة غير متفهمة، سألمح داخل كل بؤبؤ علامة استفهام واستغراب إذن فلأختصر الأمر عليهم.. وابتسمتُ ابتسامة جانبية وقلت لهم:

- أنا معقدة!!

البومة الشهباء

أيها المار بين سطور خواطري قف هُنَيْهَةً!

إنني أتوق فعلا وأتطلع إلى استخبار بعضٍ من أمورك، وددتُ أن أعرف شيئا ليس عنك بالطبع، وإنما عن قرينك، ما بالك تتلفت يمنة ويسرة هكذا؟ أرى الذعر يسكن مقلتيك أجَدْتَ إخفاءه بنظرة حائرة، يا لك من ماكر!! ما زلتَ على أمل يتردد في خاطرك بأنك أخطأت فهمي، دعني أخيب ظنك كثيرا وأفصح لك عن مقصدي، نعم فعلا غايتي السؤال عن قرينك الجني، لقد كان هذا ما بَدَرَ في ذهنك أول ما قرأتَ كلمة قرين لكنك أصريت على وضع ستارة على عقلك، فلطفا منك لا تتصرف وكأنك تقرأ طلاسما أنا كاتبتها، قد تتخيلني مشعوذة فأحببتُ أن أعزز خيالك هذا وأبصم عليه بأصابعي العشرة، أجل فأنا مشعوذة لكن ليس في عالم السحر، أنا مشعوذة في عالم الحروف والعبر، نسجتُ من الحروف كلمات وجمعتُ فيما بينها لأفصح بها عن أنين وآهات، أنثرها هنا وهناك لأبرئ بها رضّات وقروح؛ غايتي سليمة ومرادي مجرد طبطبة بسيطة على بعض الكدمات، دعني أكبح سيل الأفكار التي صارت تهطل تباعا في عقلك، هذه الأفكار اللعينة تهمس لك: ماذا تفعل بين سطور هذه المغرورة؟ فكرتَ بالمغادرة فأنا أعرفك! أنت عَجول دائما! حقا أود أن أعرف لماذا أنت عَجول هكذا؟ لكنه الفضول صديقي المقرب رَدَّكَ من الفرار من بين سطوري؛ لِنَعُدْ إلى قرينك الذي لا تتذكر وجوده إلا نادرا، لا تشعر به ولا تعيره اهتماما، آه نسيت!! كيف تنتبه له وأنت غارق في هذه الحياة؟ تحزن هنا وتمرح هناك، الحياة لعينة سرقتك وأشغلتك، غلّفت عقلك بيديها ولم تترك منه إلا جزءا

صغيرا لتدرك به القليل الذي تريده هي، إذن فما رأيك بأن تمسح تلك الفكرة السيئة التي كونتها عني، أو بالأحرى أَبْقِها كما هي وَضَعْ مكان اسمي "الحياة"، فما أنا إلا مُدْقعة رفقة قرينين، حالي مع قريني الجني كحالك معه، لكن قريني الثاني ديجور قاسٍ، أسود دامس ومعتم، ليل بهيم رفض أن يتنوّر بالقمر، أعرض عن كل ما يبدد ظلمته الحالكة وينقص منها وكأنه يقول أنا المسيطر، أصرّ عليّ لأكون ونيسا له، استغلّ سذاجتي وقِلَّةَ نباهتي وذهائي مُستهلاًّ سطوته عليّ بإغرائي، قدّم لي كُتُبًا شتّى وقال آمرا هيّا اقرئي! كنتُ الفريسة السهلة التي وقعت في الشباك، أجبَرني على السهد والسهر، وعندما أحسّ أنني بدأتُ أَفُكُّ قيوده وأتحرر منها غزاني بأفكار غزيرة أصواتها حادة، عذَّبَتني وأوجعَتني حتى ما عدتُ قادرة على أن أغفو وأرقدَ، هذا الغاسق الهزيع أبلاني بالكتابة لأظل الساهرة الونيسة في دجنته، تقوقع عليّ وكشف لي عن جِنِّيَّتِهِ فهو من يطعم قلمي أفكارا، هو ليس شحيح كالنهار، فأفكاره هي من مزّقت غشاء أذني الطبلي بصراخها: اكتبيني! اكتبيني! إن انتظرتِ حتى النهار سَتَنْسَيْنني! أجهشتُ بالبكاء شاكية حالي لحبيبتي "قلب الحليب"، فردعت نشيجي وأوقفتْ نحيبي، ربتتْ على كتفي وقالت: الليل اختارك بومة له، فلا تتضايقي يا بومتي الشهباء!!

وليدة العيد

وأنا في بطن أمي أَعُدُّ أيام رمضان، أتنصّتُ لصوتِ وَقْعِ أقدامها المُتَهَدِّجَة في تثاقل على الأرض، أُصغي لصوتِ أنفاسِها المتسارعة من أثر التعب والهوان نتيجة الصوم والحمل، أَتَحَيَّنُ اللحظة الملائمة لأعلن لمن في الأرض ومن عليها أنني خُلِقْتُ مميزة، فريدة وألمعية؛ أَفَلَ رمضان وانقضى، آخر إفطار قبل العيد، دقيتُ الطبول بقوة، احتدَّ المخاض في بطن أمي واشتد المغص، عَلا أنينُها ونُواحها، أعرضتُ عن الخنوع والإذعان لأوامر الممرضات والأطباء، سال العرق من فوق جباههم كصبيب الشلال، فَرَّ الكرى من عيون ذوي القربى في انتظار مجيئي وحضوري، لكنني آثرتُ إلا أن أكون متمردة فكانت الليلة ليلتي، مع بزوغ الفجر دوّت صرختي، صرخةُ محاربةٍ تَحْمِلُ سَيْفَ العناد، أطَلَّتْ لِتَسْتَهِلَّ حياتها بفجر العيد؛ أشرقتِ الشمس وَبَسَطَتْ أشعتها الحانية في طلعة زاهية وبهية، عزفتْ للكون أحلى سمفونية ممتنةً للخالق الذي زيَّن العيد بأحلى وأجمل هدية، كنتُ عطية ومنحة في العيد لوالِدَيَّ، كنت هبة مميزة من الله لهما، كنت المولودة البكر التي رفعت شعلة التميز؛ هبَّت الرياح لتطلق صفيرا كزغرودة طاغية، صدحتِ البلابل والعنادل في تغريدة مزدوجة احتفالا بي، رقص لها الياسمين فَفاح شَذاهُ القوي النفاذ، غارتْ منه الرَّياحينُ فأطلقتْ مشمومها الطيب الذي فاح وعَبِق في تؤدة ورفق، تَلَهَّتِ الورود والأزهار بلمسات الفراشات المحلِّقة، تَفَتَّحَتِ القلوب بالفرحة، انشرحتْ وانبسطتْ أساريرها، تزينتِ الثغرات بِبَسمات ضاحكة، تَهَلَّلَتِ الوجوه وتلألأت وأنشد الصغار أنشودة العيد ترحيبا بي:

- أهلا بك يا وليدة العيد!

مارِسِيَّة

تَوَسَّمَتْ لي العيون مستفهمة في تعجب، ما لك تُسرعين الخُطى كأنك تُهرولين؟ تُطلقين ساقيك للريح وكأنك تركضين، ما عُدْنا نُفَرِّقُ بين المشي والجري معك، دمجتِ بينهما فَصِرْتِ كقذيفة إذا انطلقتِ، غابتْ عنك بوادرُ التفاتةٍ بسيطةٍ وما إن بلغتِ حَيِّزَكِ المقصود توقفتِ، لم يُلهِبكِ الفضول لتعرفي مَبْعَثَ الخَشْخَشات وراءك، لم تُفْتَني بأن تَفْطِني سر الحشد المُتَكَتِّلِ أمامك ولم تُغريك أصوات أحاديث الناس في اليمين وفي الشِّمال، كنتِ شحيحةَ الانتباه، ضنينةً حتى من نظرةٍ مُتحسِّسةٍ ومُتَفَحِّصَة، هل هناك نهرُ عِلمٍ سَيَنْضُبُ فخشيتِ ألا تَلْحَقيهِ؟ أم أنَّهُ طيفُ جِنِّيٍّ مخيف ومرعب يَتْبَعُكِ؟ إن قبض عليك سيقضي عليك فيكون هلاكِكِ، أو ربما هناك أمير أذاع بين الناس عزيمته على الزواج فسارعتِ حتى تكونين السَّبّاقَة وتتزوجيه، أو لَعَلَّهُ استعجال لأجْلِ تَلْقينِ الشهادة لشخص يُحْتَضَر، حيث لن ينفع الندم وقتَ التأخُّر، خِلناكِ لحظةً أميرةً للرحمة، تهرعين للمُتْعَبِ فَتُداويه، تُخَطْرِفينَ بقدميك وساعِدَيْكِ للغريق فتُنْقِذيه، تَتَقَصَّيْنَ الجروح والقروح فتُطَهِّرينَها وَتُضَمِّدينَها، نحن لسنا حلفاء البُطء ولم نكن يوما من أنصاره، لكنَّ حالكِ مُحَيِّرٌ أشعلَ فينا لهيب الحيرة والالتباس فَصِرْنا نَتوقُ بأن نلقاك مُعتدلة، تخلعين ذاك الثوب الذي دَسَسْتِ فيه نفسك، ثوب السرعة الذي فيه ترفُلين؛ رويدكِ أيتها العيون المهوتة!! فأنا معتدلة ابنة الاعتدال، آذاريّة سَوِيّة، قد أكون خجولة وانطوائية لكنني أظَلُّ مارسية ابنة الربيع الذي اكتسح الساحة مُزيحا الشتاء، ربيع انتصر فيه الدفء على البرودة حيث ولّى فيه عهد القُرّ والبرد ليتربع القيظ والأُوار

على عرش الحكم، صَحَتِ الحيوانات من سباتها الشتوي وَهَبَّتْ تعظيما وتبجيلا للحاكم الجديد، عادت الطيور النازحة بعدما جافاها الشتاء وهجرتْ، تَصْدَحُ وتَسْجَعُ بِشَدْوِها وزقزقاتها في سماء الربيع، ازدانت الأرض بخضرتها حيث التَحَفَت بغطاء غضّ أخضر وتزينت وتجملت بِجِليّ مورق ونضير، تعطرت وتطيبت بعبير وريّا الأزهار والأشجار التي بعثرها النسيم العليل في الأجواء، أنا ابنة شهر الهوى والحب حيث قابلتِ السماء خضرة الأرض الباسمة بلون ياقوتي نقي مزدان بسوار مرصع بغُييمات بيضاء عائمة حول الشمس التي تَبُثّ ولعها وهيامها للأرض بأشعة دافئة حانية؛ قد أتراءى لكِ أيتها العيون أنني أمشي بطريقة شبيهة بالركض لكن في الواقع فأقدامي مرتفعة عن سطح الأرض، فقد جُبِلْتُ بجناحين شفّافين لا يَتَجَلّيّان ولا يظهران إلا لأخواتي من الفراشات، أنا حقا شقيقة الفراشات ليس في التحليق فقط بل في التميز والتفرد، فنحن شقيقاتٌ بناتُ الربيع، لم أتحدى الوقت يوما ولم أُرِدْ أن أَسْبِقَه، فقط كنتُ أبسط جناحَيّ وأحركهما ليفعل بي النسيم كل ما يحلو له، مساري مليء بالفرح والمرح، دروبي أزهار مزينة بألوان قوس قزح ورفاقي قلوب سُوِّيَت من طين لَيِّن لازب انتظرت الربيع حتى أزهرت.

لَحْسَن

نقشتُ على جدران قلبي حكاية رجل عظيم، حكاية رجلٍ يرقد تحت حبات الثّرى، رجلٌ شَهِدتُ رَداهُ عندما عَمَّرتُ على هذه البسيطة سبع سنين، لكنه مازال صاحِياً في جوف مُهْجتي وَوِجداني، عائشا تتقلب ذكراه في جنبات ذاكرتي، دونتُ اسمه على صفحاتِ كتابِ الهوى في قلبي وسطّرتُ معه مزِيّةَ شخص صالح أملود، ما أبصرتْ عيناي منه غير الهمة والمراس، عظيمٌ مرفوع الهامةِ، كَنّ لي في صدره حُبّا متمادى فيه، أغدقني وأترعني بِعَطْفِهِ وحُنُوِّهِ منذ نعومة أظافري وغضاضة جلدي، كنتُ دوما أشعرُ في حضرته أنني أميرة متربعة على عرش الدلال، غمرني بالرفاه والغضارة وغَنَّجَني بالميسرة والدلع، مواقفي معه كافة كانت مغمورة بالغلاوة وأكثرها عمقا قد طُبعت في عمق صدري، كتلك اللحظة التي يشير لي فيها بعينه غامزا فأُنَقِّذ طلبه بالرضوخ لتلميحه، فقد كان من سِماتي سرعة البديهة في استخلاص المقصود، عقلي النجيب لم يخيب الظن يوما، أحاول أن أكون في منأى منه وفي معزل عن الباقين، ألقى في حوزته دائما شيئا مخبأً لي، يَدُسُّه بشغف في يدي، أواريه عن الجميع وأتكتم عن سِرّنا فأنا مدللة جدي، أثمن وأنفَس الأشياء التي تذرأ في جَناني حبورا وسرورا تلك الأشياء البسيطة التي منحها لي جدي، كيف لا؟ وهي ممنوحة لي من الحنّان الشفيق، رؤوف القلب ورقيقٍ، تَفَضَّلَ عليّ بِحِكَم من ذهب، حَفِظْتُها وأنا صغيرة عن ظهر قلب، حِكم تسربتْ وتخللتْ عقلي عندما طرقتُ باب مرحلة الشباب، أوصاني بأن أكون سوية السبيل، ألا أنهج إلا المسلك السديد المستقيم وأن أشُذّ وأتمرد عن الشيطان الرجيم، أوصاني بأن أتجلّد بالصبر

وأخاصم كل ما له صلة بالكِبْر، حذَّرني مِن اثنين، مِن الذي سَها وغفل عن أصله ومِن الذي غَنَّى ورقص له؛ فراق جدي كمسمار من الألم دُقَّ في صدري، بكيتُ وبكيتُ.. حتى جف النبع من عيني وقلبي ما زال مكلوما كأني ما بكيت الفراق حق بكاء، ذكراه لا تبرح تدغدغ أركان فؤادي الصغير وتُحْيي سيل دمع عيني، غلفتُ نفسي بستارة منسوجة من الصبر، اقتنصتُ ساعات الاستجابات فوَصَّلْتُ جدي بدعوات، أهديه من القرآن قراءات وأرسل له من مالي صدقات، يا مارّا بين سطور خواطري لا تبخل عليه بدعوة الإله الرحيم بأن ينزل عليه فيضا من الرحمات، وأن يملأ ميزانه بالحسنات، وأن يسكنه فسيح الجنات.

القلب النازف

ما ذنبي إن خُدِعْتُ؟

وما خطيئتي إن أحسنتُ نِيَّتي؟

ما جُرْمي إن رُميتُ بِسهمٍ من الغدرِ؟

وما جريمتي إن طُعِنْتُ من الخَلْفِ؟

وهل السذاجة كانت في يوم ما معصية؟

أنا ساذجة! كنتُ ساذجة بل وأكثر من ذلك بلهاءً تحمل راية الغباء، كنتُ كغيري من الفتيات، أحلامي وردية، رشفتُ رشفة من كأس الحياة الصَّبُوحَة الفاتنة، فَخِلْتُ جمالها سرمديا رَصِيناً، ما كنتُ أدري أنها سَتُخْسَفُ بي وأن رياحها سَتَعْصِفُ بي، كنتُ أظن أن الأشرار الفاسدين مجرد سطور خُطَّتْ في قصص الأطفال، حسبتُ هذا الفسيح خالٍ من أمثالهم حتى جاءني الشيطان بِزِيِّ البراءة مُتَلَجِّفاً، بَرَعَ وَحَذَقَ في التمثيل حتى تجلى لي في خِلْقَةِ وَمَلْمَحٍ مَلاكٍ، أقنعني بِحُبٍّ مفترى وأبان عن لهفة مزورة بأن الملاك يبغي حلالا، انتزعني من عالمي، من بين أحضان أبي وأمي، نَقَلَني من مقام عملي إلى مقام عمل قريب من جُحْرِهِ، أسكنني في ذاك الجحر، مَثَّلَ عَلَيَّ أنه غارق في العبادة لا يبتغي من الله غير رضاه، غِنَاهُ في مُسْتَقَرٍّ آمن وخَلَفٍ نزيه وَتَقِيٍّ، ذاك الثعبان أسَرَّ كل قذاراته حين لَفَّ نفسه جيدا بثوب الطهارة، تَكَتَّمَ عن رائحته النتنة حين أمطر نفسه بروائح العفاف، ذاك الباطن المتجلي في الشيطان إبليس أتقن إخفاءه بهالة مزيفة ظاهرة كالكنز النفيس، استحوذ على وقتي ومالي، كنتُ أسعى لرضاه ورضا مولاه، كنتُ لا آمُلُ غير مكانةِ صحابيةٍ مُطيعةٍ

وحاضنةٍ لأسرةٍ متآلفةٍ ومتعهدٍ على حُبِّ الله، لا تبغي إلا سبيلا سديدا صائبا، وهل الشيطان كان يبغي يوما سواء السبيل؟

انقشع الضباب ولسعتني مرارة الحقائق، صِرْتُ أتوق للّحظة التي سَيُكْتَبُ لي فيها بِجِبْرٍ لا يُمْحى "الفراق"، رُحْتُ أبحث لِسُمِّ الثعبان عن ترياق، أنا معلولة! وما ينبغي لِلسُّمِّ أن يتمدد أكثر ويستمر في الذيوع في أوردتي، أنا ضالة ومتشتتة! أنا الآن خارج جحر الثعبان وعن أهلي بعيدة، أنا هنا متشردة! كيف لي أن أعود لأحضان أهلي وأترك عملي ثمرة ما جاهدتُ عليه منذ أول صرخة بعد ولادتي، أقدامي لا تقدر أن تطأ جحر ذاك المخادع المستبد، تركتُ برضاي زير النساء، غادرتُ بملء إرادتي بيت شيطان لا تدخله الملائكة، تنفستُ هواءً نقيا عندما هجرت مَسْكَنَ الغدر، وجدتُ من العيب أن أُشَبِّهُ بالكلب فهذا الأخير لم يعرف شيئا غير الوفاء، أما ذاك الثعبان فكان كالجرادة يتنقل بين النساء، بكيتُ الغدر والسذاجة، غَدَا قلبي كزهرة القلب النازف ينزف دما وَبِسُمِّ الثعبان مُحَمَّلاً؛ كم هو صعب أن تتحمل نظراتهم التي تجرح بدون سكين! كم هو مؤلم أن تشعر بالشفقة على نفسك منهم! فهم لا يبرحون عن ترديد كلمة مسكين، يقصدون أنني لم أستطع أن أصون ذاك الزوج اللعين، لقبوني بالعارية التي خلعت ثوب السترة كأنهم لا يعرفون أنه ممزق ومتاح للجميع، لم تكن غصتي وفجعتي على الشخص، لوعتي وتعاستي على سنوات ضاعت من حياتي، انكساري مؤقت والغم سيزول، الجزع والترح سَيُنَوَّجُ بالأُفُول، ما هذه إلا عثرة! وأنا سأثب قريبا، أنا معلولة!! ونجاتي من عِلَّتي كانت في الطلاق، أنا مُطَلَّقَة لم تَسْتَكِن للذل والمهانة!

أنا مطلقة ما تقبلت فُتات الشارع!!

المشتاقة إليه

أفصحتُ لهم عن خبيئة فؤادي، وأطلعتهم عن ما تكتمتُ عنه من سري الدفين، قصصتُ لهم عن الحبيب الصَفِيّ وعن شوقي إليه، عن الرؤى والأحلام التي تَكَرَّمَ فيها الله عليّ بمجيء عزيزه، لكنهم استفظعوا اعترافي وما وثقوا به، تبرؤوا منه وما اسْتَصْوَبوه، خمّنوا أنني مخادعة أفّاكة، أنه أُثيثٌ عليّ هذا المقام وكثيرة عليّ هذه المكانة، لكني والله ما رويتُ إلا صدقا؛ صواب قويم أنني منذ أن كنتُ صبية صغيرة كنتُ متناقضة مع بنات جيلي، كنتُ ألهو بقصص الأطفال وأتسلى بالرسوم المتحركة وعن غير ذلك كانت دنياي مغلقة، مناماتي فراشات وطيور فوق الأزهار والأشجار مُحلقة، في ليلة قمراء كان فيها القمر جد ساطع، فراشات وطيور أحلامي انسحبت، حتى يحتل القمر الرؤيا، كان مُشِعا ومشرقا، رؤياه بَثّت في قلبي استبشارا وحبورا؛ ترجرجتُ ببراءتي وسلامة نفسي في مرحلة الشباب، فصادفت من القوم نفوسهم متنوعة الأشكال ومتعددة الألوان، سِرْتُ بنية صافية ظنا مني أن الكل نقي السريرة والطوية، فتفاجأتُ بهم أندادا لي في حرب ضروس، سلاحهم كان طاحنا هَدّاما ومُتْلِفا للنفوس، ساخت روحي في جزعها وذهولها حتى تخَدَّرَت، رَشادُ نفسي غدا ضياعا وتوهانا، فتنورتْ من جديد إحدى ليالِيَ برؤيا البدر، جاءني الحبيب ناصحا ومطبطبا.

استنكروا الرؤى تعلُّلا بأنني في الأولى كنت في مرحلة الصغر والثانية أنني كلما كبرت صار خيالي شاسعا وفسيحا، لكن والله شعور لا متوقع ولا معتاد، نور في القلب غير مألوف، احتارت في وصفه الحروف.

غطستُ يدي في وعاء الحروف وقبضتُ عليها بِهِمّة وقوة، لكنها من بين أصابعي كالماء تسربتْ، عادت للوعاء لأنها من يدي هربت، غزاها حياء واحتشام من أن تصف عظيما في مقامه فتفشل ولا تُحسِن الوصف،

أيا زائرا في الرؤى والأحلام! كنتَ قمرا منيرا في منامي!

إني أغفو وكلي تَطَلُّع ورغبة في رؤياك، أنا المشتاقة إليك أيا حبيب الله! فأنت الحري بأن تنبعث محبة القلوب والنفوس لك في كل لحظة.

أيا عابري سبيلِ حروفي صلوا عليه وسلموا!

الآن فقط يا أمي!

الآن فقط يا أمي..

تستطيعين ترك أبواب المنزل مفتوحة دون الخوف من خروجي للركض في الطرقات،

الآن فقط يا أمي لن تبحثي عني في الأزقة والشوارع فمكاني أصبح معروفا لا يتغير،

لقد سكنت بيتا لا يفتح بابه،

لقد ذهبت إلى اللاعودة،

المكان الذي لا يعود منه أحد.

الآن فقط يا أمي..

ستكونين فخورة بنتائجي فقد حصدت درجات عُلى في الجنة.

الآن فقط يا أمي..

أنا في مكان لن ألقى فيه جفاء ولا تأففا.

وإن أخذت معي قطعة من قلبك..

وإن تركت قلبك منفطرا..

فسامحيني!

اصبري وتصبري بأنني رحلت صغيرا طاهرا بريئا من الدرن والخبث لأخلد في جنات النعيم،

لا تحزني ولا تبهتي،

فإنا لله وإنا إليه راجعون.

أيها الغائب

لقد طال بك الغياب

هل مازلت موجودا أم أنك سراب؟

اختفيت كشيء غطاه الضباب

أو تكون تتعمد أن تجرعنا العذاب؟

أو ربما هي ذاكرتك التي نسيت الأحباب والأصحاب

أم أنها جوارحك تمردت عليك فجعلتك في انقلاب

ولربما قلبك الذي يعاني من اكتئاب

لقد حل بعقلك حجاب

وغطى عينيك التراب

أوَ لم يصلك في رسائلنا الكثير من العتاب؟!

أم أنك مزقتها قبل أن تقرأ الخطاب

سنقول لك باقتضاب

كفاك اغترابا

لقد فتحنا لك الباب

اسلك ذلك السرداب

الذي سيقودك إلينا فننظف فيك كل غُبار الخراب

مجنوني القلم

رحلتي مع رفيقي القلم جد طويلة، الكلمات هي زادنا والتجارب والأفكار هم عكازنا، رفيق الرحلة مُتَرَوّ رزين وحكيم، عفيفٌ طاهرٌ ومهتدٍ خبير، رابط الجأش ورحب الصدر، حين تنساب عليّ الأفكار تباعا فأسرع في خطى الكتابة، هو لا يتثاقل ولا يتماطل بل بِخِفَّتِهِ يهرني، وحين يبطئ عقلي في إنتاج الأفكار فيَكسوني قحط وجفاف فأحتاج وقتا لتحقيق التوازن وتسوية المعادلة، فلا يحتجّ ولا يستاء ولا يتعجلني كسب الغلة وجَنْيَ المحصول بل بصبره يدهشني، وهناك على رصيف الانتظار أجده دوما ينتظرني؛ لم تكن يوما صحبة القلم ضمن الحوار لكن الروح عندما وجدت خدينها هامت وما شاورت، خرجت عن النص فتآلفت مع شبيهها وانسجمت، يُقال أن الماء إذا امتزج بالماء امتنع تخليص بعضه من بعضه فكذلك هي الأرواح، كان بيننا احتياج متبادل فهو جماد وأنا كنت أود السكون مثل الجمادات، أنا كائن حي يشعر وهو يريد الشعور مثلي، فهذه المرة لا حول ولا قوة لي في الاختيار، ربما كان هذا للروح خير اختبار فيه عندما انتقتْ من لا ينحرف ويزيغ عن المسار، القلم صاحبي وساحبي إلى دروب الأمل، نَوَّرَني على الأمل وعدم انتظاره ومَرَّنَني على قضاء حياتي وفق نهج شخصي وذاتي، فَقَّهَني على التعبير عن مهجتي وعن عدم إضمار ما في وجداني، عَلَّمني أن احتجاز الكلام في باطني يُعْجِزُ الكلام عن الكلام فتَخور قواي وهذا يضعفني، القلم قمري عندما تنزلق كل النجوم من سمائي، غاص في عمقي وسايرني في الجنون، كان بئرا لأسراري وما أضَ البئر يوما لنافورة ولو تصادمنا في الأفكار، استخلص أنني قد أموت مرتوية إذ أن

عطشي لم يكن للماء وحده بل كان في حاجتي لأشباهي في الوضوح والاختلاف، حمل همي دوما ولا قال يوما منه مللت ولا أنا من كتفه اكتفيت وعنه استغنيت، وعندما أفسح له المجال يتحدث عني وكأنه يصف وينعت مكانا آمنا، كيف لا؟ وهو مجنوني القلم!

زهرة حياتي

يحدث أن ترمق دجاجة تمضي في سبيلها بعصمة وأنفة وهي تتقدم مجموعة من الكتاكيت، ويحدث أن تُثَبِّتَ بصرك خلف الدجاجة فتلمح من جديد مجموعة الكتاكيت تلك، تمعن النظر في الكتاكيت بإسراف وإسهاب فتُلفي أنها غضة صفراء فاقع لونها تسر الناظرين إليها، وتجد أنها تنساب كالسيل وهي تتعقب وتلاحق الدجاجة، يقفز فرد منها بغتة مُبديا ومجاهرا باحتجاجه على الكثرة والغمار كفكرة هبت واحتدت في عقلك على حين غرة لتُغَيب وتُجلي باقي الأفكار التي زاحمتها وتقول لك: أنا هنا!!، فَتَحينُ من الدجاجة التفاتة بسيطة إليه، فيعدل عن ثورته ويعود أدراجه وسطهم وكأنه أيقن أنه لا مفر ولا مناص غير الانتماء.

لا بد من أنك الآن تسمع طنينا في أذنك هو لفكرة تتردد في عقلك، أو ربما هو لسؤال قض مضجعك يستفسرك عن سر اقتفاء الكتاكيت لأثر الدجاجة وتتبعهم لمسارها، عن سر خطواتهم الصغيرة تلك المقلدة لخطوات الدجاجة، خطوات غير آبهة بعقبات الطريق ولا بما سيسفر عنه هذا السبيل إذا انتهى، هَمُّها المسير لا المصير ومُهمتها فقط التركيز على آثار أقدام الدجاجة فقط، ففي قرارة نفسها الدجاجة أُسوة حسنة وخير قدوة تقتدي بها براعم مِثلهم هَلَّ وَلاحَ جزءٌ صغير من وُريقاتها، سلَّمت تسليما تامّا فَحَذَتْ حذوها واقتفت آثار خطواتها، مائلَتْها فَتَلَتْها وَتَبعَتْها حتى نسجت على منوالها ونهجت نهجها، شابهتها بالاقتداء والتأسي بِكُلية أفعالها وبتبني كل إرشاداتها والتقيُّد بجميع عِظاتِها، وكيف لا تُشابِهُها ودماؤها تجري في شعيراتهم الدموية؟؟

وأنا أرى الكتاكيت الصفراء تمشي بأمان خلف الدجاجة تساءلت عن شعور كل كتكوت منهم، الشعور الذي حجب عنهم الرغبة في الالتفات إلى غير مسار الدجاجة، ثم أدركت أنه شعور جميل وإحساس مَليح يكسو كل كتكوت منهم، أدركت أنني أنا أيضا أكون كتكوتا غضا صغيرا في حضور جدتي، جدتي التي وَهِمْتُ دوما أن اسمها هو جَدَّة حتى تجاوزت الصبا وتخطيت الطفولة، فقد كنت أستاء وأتضايق كلما سمعت أحدهم ينادي جدته بـ"جدة"، فقد كنت أشعر أنها جبلت بهذا الاسم وأنه مصمَّم لها هي فقط، فما ظننتُ ولا خمّنتُ أن اسمها أغَرَّ وأنيق، زهرة نَورة النبات، زهرة جمال وفضيلة، وزهرة بهجة ومتاع وحسن الدنيا، لكني ظللت كتكوتا أينع لسانه واستطاب بمناداتها جَدَّة، حلا الصوت بتلفظ هذه الكلمة وراقَ بصبابة واشتياق، اشتياق لتضمني جَدَّة وتطوقني بأحر عناق، أتنسم نفحة عطرها الفطري فيتأرَّج صدري بفوح شميمها الأخاذ، فتبرأ الروح وتشفى من وَهَنِها وسقمها كالمعتاد، حسب العادة يهتف اللسان دوما ويصدح:

- جدة قادمة!!

فنهرع لها متعجلين فرحين، لكن عندما تكون عائدة تخرس ألسن أرواحنا المكسوة بالتذمر، نودعها على أمل أقرب لقاء، لكن في المرة الأخيرة، في الفصل الأخير من الدنيا شيعتها عيوننا إلى دار البقاء، شيعت حياة كانت تعيش على قيدها قلوبنا، قلوب مرهقة بطفولتها التي لا تشيخ ولا تهرم، طفولة ذاقت اليُتْم.

يا جمالا عاش على هذه البسيطة وكنا نحن بقاياه! نرجو ونتمنى أن يكون لقاؤنا عند مولانا في الجنة، فرحمة الله عليك يا روحا كنتِ وستظلين معنا ومِنّا.

ترياق الجَنان

حصيفٌ جليٌّ أنني عثرت على ضالتي بين دفات الكتب، في أن أقرأ وأغرق بين السطور وأمسك القلم وأكتب، في أن أصوغ الكلمات التي تخامرني في عقلي، وأَوَضّح الأفكار التي تخالج فكري، في أن أبدد وأبعثر كل طاقة سلبية بين الحروف، هذه الأخيرة تسرف في نثر بريقها وتألقها فيتعب كل ما هو سلبي تعبا شديدا فيُباد ويأفل، فأكون بتقهقره قد أحرزت قصب السَّبق، لأنني سحقته بكل ما خَطّه رفيقي القلم ومحقته بوهج وسنا الحروف، لكن ثمة صدع ما يبعثرني ويُشَتِّتُني!! فيجعل روحي شريدة وسط جسدي كالطريد الذي لا مأوى له، يُنْذرني بأنني مشيت على غير هداي ويُنَبهني بأنني غفلت عن شيء من حولي، لقد نسيت وسهوت عن الخيط الرابط بين الشص وقصبة الصيد، فعادت أفكاري من جديد تزاحمني وتكبلني حتى جعلت مني أخيذة وأسيرة لها، فقذفتني في لجة الدياجي ورمتني في غيابات الظلمات، أعرضتْ عني وتَخَلَّتْ، لِتُبْقيني أتمرغ في وحل التساؤلات:

- فأين الخلل؟؟؟

مددتُ يدي عَلِّي أجد مُنقذا ومُنتشلا يُخَلِّصُني من تعسف وشطط ذاك الوحل ويحرر روحي من أصفاد الشتات، فما من مُحَرِّرٍ استجاب ولبى النداء؛ ضاقتْ نفسي درعا من كل هذه المعاناة، فعقدتِ العزم على أن تَكْتُمَ أنينها وتُخْرِس نواحها، أن تثورَ حتى تُلْفي الثغرة وتحاربَ حتى تَتَبَيَّنَ مبعث هذه الفجوة ومَعينها، وإن تفطنت بباعِثِها فستعرفُ القفل الذي يلائمها ثم تُحكم إغلاقها، فأَنْعَتِقُ من قيود الأَسْرِ

والعبودية وأغدو حرة طليقة فأبرزُ في عالم السلم والسلام وأطفو في حياة الأمان والاطمئنان.

وأنتَ تُسْهب في كلماتي وتتوغل بين حروفي شعرتَ أن الضباب قد غَشَّى عقلك وحجب عنك رؤيا الحقيقة المتوارية خلفه؛ فها قد بدأ الضباب ينجلي وها هي الحقيقة تَلوحُ من بعيد لتنبلج كَشمس يَوْمٍ صيفي جد حار، فطِنتْ بِحَيْرتِكَ فَلَوَّحَتْ لك وهي تقترب بأن تَأْزُفَ منها وتهمس لك بِسِرّ الصدع والفجوة، ها هي ذي تُوشوش لك بالآية ثمانية وعشرون من سورة الرعد: "ألا بذكر الله تطمئن القلوب"؛ انفجر نبع التساؤلات في عقلك لكن وعلى رسلك دعني أشرح لك بالآية تسعة من سورة الحجر: "إنا نحن نزلنا الذكر وإنا له لحافظون"؛ والآن اغرز خيطك في ثقب إبرتك ودعنا نربط ونوحد بين الأفكار.

الله سبحانه وتعالى قدم لنا غصنا لنتعلق به قبل أن نغرق، فلا عزاء لمن هدر ثباته واعتداله بتركه الغصن لأنه حتما سيتقدم ويخطو في دروب الشتات ويترجل ويحذو حذو وجهة الشقاء، وطوبى لمن بالغصن تعلق، بذكر الله رَكَنَ قلبه وارتاح، بالقرآن الكريم ثَبُتَ وجدانه واستراح، قول مبجل وجليل، فرقان بين المَيْن واليقين، بين الحق والباطل، فكلما تغذت الروح على كلام الله جشِعَت وشَرِهَت للمزيد، ذاقت طعم الحلاوة فما حادت عنه، لم تزهد فيه ولم تمَلّ، لم تكتفي منه وعن قراءته لم تكل لأنها أيقنت أنه حصن لها من العِلل، برهان ونور من الله صار أوكسجينا يتنفسه الوجدان، أوردة متينة تربط بينه وبين القلب أراحته وأزاحت عنه الضيق والوجل، فَهذين الأخيرين والقرآن الكريم شيئان لا يجتمعان.

العائمة في العربية

ولهي بها ليس مصطنعا ولا حديثا، ليس ائتساءً ولا احتذاءً وليس مشابهة ولا مماثلة، جُبلتُ على عشقها الذي لم يكن دخيلا ولا مترجرجا، كان ثابتا ولم يكن متزعزعا ولا مهتزا، شغفي بها عهيدٌ عتيقٌ، وهواها في القلب سالفٌ عريقٌ، غرامي بها أصليٌّ أزليٌّ، لها في وجداني مَعَزَّةٌ خاصة ومودة خالصة، ميلي لها عفوي وتلقائي، أوقِظت محبتها في صدري لحظة زُرِعَت روحي في بدني وأنا مستورة داخل بطن أمي، لوعتي للعربية لوعة فطرية فكلما خطوت بين الأيام تضاعفتْ وعظمتْ، كيف لا؟ وهي لوعة سرمدية وأزلية، هِمْتُ في حروفها الثمانية والعشرين التي اختزلت إعجاز القرآن، فأَلِفُها أملٌ غزى الألم وباؤُها بُرجٌ تبذّخ وسما بنا في سماء الأحلام، تاؤُها تمرُّ قَطَفَهُ العارفون وثاؤُها ثبات وَثِقَة للقارئين، جيمُها جوهر لجمالها وحاؤُها حرفٌ حَمَلَ الحظَّ وحطَّ فوق الحق، خاؤُها خلاصٌ من الخوف وخَلْقٌ لكل ما هو خارقٌ ودالُها دكتور ناقش أطروحته بدماء حروف عربية، ذالُها ذكريات بلغت ذروتها في ذهن سبرت أغواره التجارب وراؤُها رايةٌ خفقت القلوب لرفرفاتها كلما داعبتها الرياح، زايُها زرع عند الفلاحين وزجل عند الزجالين، أزهار زكية أزالت كل زيف مَسَّ جَنان الزائر وسينُها سِرٌّ سَتَر سيوفا سِنانُها مصافاةٌ وتعلقٌ غُرِزت في القلب فسحرت سناء، وليلٌ أُضيئت عتمته بِسَنا الحروف، شينُها شعبٌ شعاره الشرف والشجاعة وشاعرٌ شجا في البلاغة، شاطئ شُيِّدت على رماله قصور السعادة وشراعُ سفينةٍ أسَرَ الرياح حتى تتحرك السفينة وتمضي قُدُما، وصادُها صداقة صادقة، صالحٌ صاحَبَ الصلاة وصُمود قِناعه الصمت والصبر، ضادُها ضَخٌّ للضحكات، ضمير حيٌّ وَضَوْءٌ انتصر على الضباب، طاؤُها طوق من الطموح، طعم

النجاح لطالبِ عِلْمٍ وطائرُ أملٍ طَرَقَ الباب، وظاؤُها ظِفار على الظلم وظلال يستريح فيها المتعبون، عيْنُها عملٌ عاش بعد موت صاحبه، عرشٌ تربّعت عليه عيون عسلية وعِلمٌ عالج عقم العقول، وغيْنُها صغير غفا في أحضان جدته، غربال غربل الغرباء وغزال تغزّلوا بجماله، فاؤُها وفاء وفخر وفكرة فتحت فوهة الفرح، وقافُها قِبلة للمصلين وقدرة قلمٍ تألَّقَ في القمم، كافُها كلمات تشكلت في كتابٍ وكسلٌ أزاحه كَدٌّ، ولامُها لمعة لؤلؤٍ ولحنُ النحلِ، لباسٌ يُدفِّأُ الليل من الشفيف ولبوءة تدللت على ملك الغابة "الليث"، ميمُها مِصعدٌ نحو المجد، مظلة في يوم ماطرٍ ومبروكٌ لكل متلهف، ونونُها نجوم أنارت النفوس، نسمة تتسلل بين النرجس ونورس حلّقَ في نطاق الشاطئ وانقضّ بسرعة على الفريسة، هاؤُها هلوساتٌ بهدفٍ، هيام بالهلال وتباهي بالهوية، وواوُها وصالٌ بالوفاءِ وولادةُ وِدٍّ وَوَرْدٍ، ياؤُها ياسمينة تفتحت لِيَمامةِ الأمل وينبوعٌ من الحب انفجر وسط كف اليد.

لغتي العربية لغة الضاد فضادها غابت في باقي اللغات، عجزوا عن إيجاد عقيرة بديلة له في لغاتهم وأخفق العجم في التلفظ به، أو ليست هي لسان العرب؟ هي لغة سليمة مكتملة تلائم وتُجاري كل الأزمان والدهور وتتكيف وفقا لمقتضيات ومتطلبات العصر، حَوَتْ كل خصائص الأمة وتصوراتها فهي لم تعرف صِباً ولن تعرف شيخوخة، اجتباها الله لغةً للقرآن، هي اللغةُ التي لن تتمكنَ من مقاومة سحرها فسرعان ما ستهوي صريعا تتخبط في حروفها، فلا تتساءل عن سحر العربية!

أقحوانة المروج

أزِفَ الربيعُ فأشرقت الغزالة على المروج وحلَتِ النزهة وطابتْ؛ مَلاحَةُ الطبيعة فتنةٌ، فأشجارها شارةٌ وسحرٌ وأزهارها نُضرةٌ وبهارٌ، ترنَّمَ الفضاء بشدوِ العصافير وخَفَقَ قَلْبُ النسيمِ العليل برفرفاتِ أجنحةِ الفراشاتِ؛ نواحٌ وعويلٌ أثارني وَقَضَّ مضجعي، سَلَبَ هيامي وغرقي في تفاصيلِ الطبيعة الفتانة، إنها هي!! الطبيعة تندب وتنتحب ضياع مارغريتها، تَنَبَّهْتُ إلى فَيْلَقٍ من الفتيات والفتيان، يقطفون بأيديهم الغَضَّةِ الرَّخِيّة ذات القلب الشَّظف القاسي أُمْلوجَ أزهار أقحوان المروجِ "المارغريت"، ضحكاتهم تُكَسِّر هَوادَة ودَعَة الأجواء، يتناوبون على قطف أزهار المارغريت وعلى نَتْفِ وُرَيْقاتِها البيضاء واحدة تلوَ الأخرى، يُفتشون عن واقعٍ لا استدلال للمارغريت به ويَتَقَصَّوْنَ حقائق لا اطلاع له عليها، تعلقتِ العيون بالأيادي التي تَنْتُشُ الأوراق البيضاء من الزهرة ومع كل ورقة تُجْذَبُ من الزهرة، وأصغتِ الآذان لكل كلمة تُذْكَرُ إبَّانَ النَّتْفِ، تَوَفُّقٌ، إِخْفاقٌ، تَوَفُّقٌ، تَوَفُّقٌ، إخْفاقٌ... وترقبتِ القلوب عُقبى ومآل آخر كلمة تُلفَظ عند جذب آخر ورقة يُشَيِّعُها الرحيق الأصفر الذي ستزهد فيه الأيادي وتُطَوِّحَ به بعيدا بعدما يَرْتَدُّ بلقعا خاويا من الوريقات.

- تَوَفُّقٌ!!! إخْفاقٌ!!! تَوَفُّقٌ!!! إخْفاقٌ!!!... تَوَفُّقٌ!!! إخْفاقٌ!!!

استيأسوا وخاب الأمل فالنُّهْيَة فشل!

- تَوَفُّقٌ!!! إخْفاقٌ!!! تَوَفُّقٌ!!! إخْفاقٌ!!!... تَوَفُّقٌ!!! إخْفاقٌ!!!تَوَفُّقٌ!!!

على إثر حدوث البِشر، استبشروا سرورا، تهللت الوجوه حبورا وانسل الانشراح للصدور.

كم من وردة بتروا! كم من رحيق أصفر قُذِفَ بعيدا بعدما لم تعد لهم حاجة إليه! تَدوسُهُ الأقدام وتَسْحَقُهُ النعال، وكم من ورقة بيضاء ذَرِبَتْ وعَيَّنَتْ مصيرا لا دراية ولا علم لها به! هَزَّتْها الرياح بعدما أبادوا موطنها "أقحوانة المروج" لتجتلبها إلى اللامجهول؛ دُمِّرَتِ اللوحة وأُتْلِفَتْ بعد خراب مارغريتها، آضَ مُقام الرقعة البيضاء إلى تربة غبراء مقفرة وجرداء، اسْتَعْبَرَتْ يرقات الفراشات وَانْتَحَبَتْ اندثار غذائها، نَدَبَ النَّحْلُ فقدان الرحيق وَوَلْوَلَةِ الحشراتُ ضياع حبوب اللقاح، ارتدت الأرانب والغزلان لِتَثِبَ فوق باقي الزهرات اللواتي كُنَّ جاراتٍ مؤنساتٍ لزهرة أقحوان المروج، فما عادت زهرة المارغريت موجودة لِتُبْعِدَها عنها وتمنعها من أن تدوسها، فهي وحدها مَن تحبط الأرانب وتردع الغزلان.

بُتِرَت زهرة المارغاريت ونزف داخلها تَحَسُّراً على بقاياها التي سَلَّمَتْ نفسها بأسى وحزن للرياح، لتقتاد هذه الاخيرة الوريقات وحبيبات اللقاح حيث رَجَتْ وابْتَغَتْ. ما المارغريتُ إلا نموذجٌ حيٌّ منتعشٌ لِوَرَى أجْزلتِ العطاء، جادت به وما قلَّلت، أرغمتها الحياة على صوع ولعب أدوار غير أدوارها، وعلى القطون والمكوث في أمكنة ليست أمكنتها، بذلتْ حتى نزفتْ ثم قُذِفتْ إلى الحاشية حيث يوجد الهامش، وبها ما من مبالٍ ولا مكترث!

مَناحَةُ السحاب

صائبٌ سديد أن لليُمن والهناء وجوه جمّة وغزيرة، وأكثر مَلمح من أديم الفرح والسرور يُغبطني ويَسُرّني هو ذاك الذي تَهُبُّ فيه نسمات باردة تلهو بي وتداعب وجهي، فأرقى برأسي إلى السماء فتُنْذِرُني وتُنَبّهُني سُحَنُ ومعالم الغيمات الكاسفةِ الكئيبة أنّ ثمة لهيف ترِحٌ أضنى وأوهنَ كاهلَ السحاب فما عاد سحابا حثيثا دمثا وعابرا!! وما غدَت الغُييمات كعقد من الألماس تكتنف وتلتَفُّ حول عنق الشمس الغزالةِ الجَوْنَةِ وتزين السماء وتُجَمِّلُها! لقد حان الوقت لتشكو وتبُثَّ للأرض وجعها وَهَمَّها! لقد آن الأوان لتنتحب وتدمع!

وأي فؤاد سَتُريح؟! أفُؤادها الذي سيغدو خاليا وخاويا تَهُزُّهُ الرياح بعد بكائها؟ أم أنها سَتُهَدِّأُ وتُطمئن فؤاد أرض عطشى تشققت من أثر هجر المطر؟

أزِيدُ من سرعة خطواتي مُسَلِّمَةً وجهي في رضوخ تام لنسمات الهواء الباردة لتصفعني، فيصير وجهي مثيلا لِكِيسِ الملاكمة الذي يذعن للملاكم، تتزايد شدة وقوة اللطم كلما أفرطتُ في سرعتي واستعجلت في مَشْيِي.

أسْتَتِرُ في بيتنا من انصباب المطر، يَسْتَلُّ أنفي رائحة القفو، نفحة التراب الندي، نكهة المطر، فتُذاعُ وتُنشَر في كل أرجاء مسكننا وأركانه، ألتحف غطائي الدافئ وأقبض بيداي الاثنتان على كوب ساخن مليئ وزاخر بِمُفَضَّلِي الشاي عَلَّ الدفء يتسرب إليهما منه، فينفذ ويتغلغل في كافة أنحاء جسدي، أرتشف من كوبي رشفات وأصيخ إلى رذاذ المطر فأهيم منتشية بروعته في الترقي درجة درجة في

الغزارة، وكأنه يمهد لتبليغ وإعلام الأرض بأن تتأهب وتعد العدة لاستقبال وضيافة غمرة المطر الوافرة والغزيرة، كانت هذه طريقته في إثارة انتباه المُصْغي، فلطالما أحببت أن أغمض عيناي وأغفو على صوت الودق الذي يَهبني سكينة وطمأنينة، فهو يشعرني بأن أمي تربت على كتفي وتمسح شعري، بل وأكثر فهو يحسسني بأن السماء مفتوحة لنا على مصراعيها وتذيع طوفانا من الحنان، تُعْلِمُنا أن الله يرسل لنا من خلالها فيضا من الرحمات، تُريح أنفسنا وتبث فيها أملا بأن تكون أوابة إلى الله لأن باب التوبة ليس موصدا؛ إنه حقا لَحَسَنٌ مَليح أن تسجد على أنغام تلك القطرات، أن تناجي الخالق وأنت موقن أن بابه مفتوح لك، أن تكبر وتهلل وتحمده سبحانه وتعالى على نعمة الدفء، ولَكَمْ جميل وغنيٌّ أن تتصفح صفحات كتاب إذ تُناوِبُ شفتاك بين التهام السطر وبين رشفة من مشروبك الساخن وأذناك تترنمان وابِلاً من المطر.

هذا الفصل سِحرٌ للجَنان وهدوء وسكينة للوجدان، راحة للقلب وقُربٌ من خالقي ربي!

الحاج

حل الفصل البارد لِيُثلج بنسماته البليلة صدرا ألهبته نيران الحياة، فحفرت فيه السنين ما حفرت فَسَيَّبَتْ عليه آثارا لصلابة وسلوان رجل جسور وصنديد جَلَدَتْهُ الحياة مرات ومرات، فتارة كانت ترميه في كبد اليم الغاضب وسط أمواجه المتلاطمة المصطبخة وتمضي قُدُما دون أن تلتفت إليه أو تحن فيه وكأنه شيء لم يكن، وتارة أخرى كانت تُلَوِّح به في الأجواء بشدة، ثم تطوح به بعيدا حتى تُلامِس يداه سُحُبَ السماء فتبتسم ابتسامة خبث وهي ترمقه يتخبط وحده في جزعه وهو يهوي إلى القاع، ومرة أخرى جعلت منه قذيفة في مدفعها لتقذفه وسط الأدغال فتنبسط أساريرها وهي تراقب توهانه في الأدغال يستقصي مَخْرَجا بعدما بات أسيرا لغموضها في ديجور أحشائها، وفي مرات جَمّة ألقت به في قدر الطعام الموضوع فوق لهب النار المتراقصة ألسنته كأفاعي تنذر أنه لا نجاة من سُمِّها لكل من دنا واقترب، فتنتشي بتقليبه وسط القدر المُتَبَّل بألاعيبها وهو يُطْبَخُ على مهل ليكون هو وجبتها الدسمة وتستلذ بمذاقها، هذه الحياة لم تُقَصِّر معه في الجور والعسف، وكأنها تطمح في أن يكون مآله شبيها بالخردة المُسْتَهْلَكة التي لا جَدَاء ولا طائلة منها، فقط تُطْرَحُ في مستقرها المواتي ومقامها الملائم مكب النفايات، لكن هيهات ثم هيهات!! فقد أمطرت السماء بجود وسخاء على الأرض الجافة القحطاء، فأنجبت هذه الأخيرة من الخُضرة المتعدد أنواعها وسيمياؤها وألوانها، تداوت شقوق الجفاف بعدما تناولت عقاقيرَ المطرِ تَوْقاً واشتهاءً للشفاء، فأنبتت ما يسر العين ويروقها ويُبهج القلب ويُجذله ويشرح الصدر ويُفرحه.

هذا الفصل البارد صحب معه بلورات بيضاء دقيقة غطت لحية ذاك الصنديد الجسور، صبغت لحيته ببياض الشيب الناصع فزادته هيبة ووقار، أقدامه صارت مباركة بعدما غَنِمت بشرف ورفعة زيارة ذلك المقام العالي، فَلَكَمْ عَظُمَ قدره بِتَنَسُّمِهِ لهواء البيت الحرام! ولكم نَجُبَ شأنه وهو في فضاء البيت العتيق وَعَلَتْ منزلته باستنشاقه للنسيم العليل الذي يسيح حول الكعبة! أومض الوجه لأنه تنور بنور وضياء المكان وسكنت الروح واطمأنت، فرياح الحياة قد كَلَّتْ وأُرْهِقت من العصف به، تبددت قواها وفترت إذعانا وخنوعا لعدم اختلال أي شطر من صبره أو بالأحرى لعدم اندثاره كله، لم تتضاءل ثقته في ربه ولم تَقِل، لم ينحط يقينه في ربه ولم ينقص، آن الأوان كي يضع السلاح ويرتاح، آن الأوان كي يُلبس أيامه أساورا من ذهب فتَتَزَيّا هذه الأيام باكتسائها للمعدن الذي لا يصدأ وتتبخثر، آن الأوان أن يُحَلّي زائر الكعبة مشروبه الساخن بالعسل بدل قطع السكر وأن يرُصّ عصيره البارد بمسحوق التمر عوض دُقاق السكر، يرتشف رشفات ورشفات من كأسه المختار على مهل حسب الجو، فالحرب مع الحياة قد فَنِيَت وانقضت بعدما غرز الحاج سيف النضال في أحشائها، أبقاها في صدمتها بعدم إتمامها لِمُهِمَّتِها بأن تفوز عليه في كل الجولات، فازت وفازت.. حتى صحا ونهض فصادر نهاية لهذه الحرب بانتصاره في الجولة الأخيرة.. فتفوق على الحياة وأباد الحرب.. شيّع جثمان الغريب الأدهم ليقابل بذراعين مفتوحين كل مُشرِق بهي، فاللعبة مع الحياة قد انتهت.. كش ملك!!

الرف الحزين

جمعتُ كل ذكرياتي ورصصتها على رف أسميته "الرف الحزين"، ذكريات سوداء كلما حاولت أن أمحوها أو أُبرأ نفسي من صخبها الذي صَمَّ أذناي زَمِهَ حَرُّها واشتد سوادها، ذكريات تَأْبى التلاشي والفَناء، فلم أعُد أدري لِمَ غاب التنسيق عن كل مراحل حياتي، فهي غير منظمة وغير مرتبة، وأنا التي اعتدتُ على ترتيب كل أشيائي من ألفها حتى الياءِ، فما ذنب تلك الطفلة التي قيدوها واحتجزوها بداخلي؟ حاولوا مَسْحَ السذاجة مني وإبادة الوضوح والصفاء فِيَّ، أتلفوني حتى نشأتُ مُبعثرة تائهة لا أدري إن كنتُ عجوزا فاقت الخمسين وأنا التي لم أكن قد تجاوزتُ من عمري العشرين، أم أنني أعيد أياما من طفولتي المسلوبة مني، تلك الطفولة المنهوبة مني بهتانا وظلما والمنزوعة مني جبروتا وقوة، طفولة معدومة وطفلة خائفة لا تتجرأ على أن تُطِلَّ برأسها على الوجود، بداخلي طفلة جَزِعَة هَلوعَة، وَجِلَة هَيُوبَة وِزرُها أنها كانت حالِمة وسط حَشْدٍ من الخامِلين، وخطيئتها أنها تخطَّت حدود الرقعة التي رسمها أولئك الذين يزعُمون أنهم هم العارفون، سَعَوا إلى أن يخلقوا مني آدمية هشيمة ويصنعوا مني إنسية ضعيفة وهشة، يحركونها كبيدق شطرنج خاضع ومستسلم للتبعية، مُمْتَثِل تماما للأيادي المتماذقة به، لكن!! لستُ أنا من يُنْتَزَع الحُلم من أحشاء صدرها، ولا أنا الخاضعة الذليلة التي تُحَطُّ تحت الحذاء، ولا أنا أيضا من تركع وتجثو لغير الله، لم يُسدِّد الخالق خُطاهم في إخماد النار التي أضرمتُها لأدفأ بها أحلامي، جعلوني أكافح قساوة الجو وشراستهم، حَوّلوني دون قصد منهم أو بالحقيق بخطإٍ منهم إلى إنسانة صلبة وحديدية، اكتسبتُ شخصية متينة وقوية حتى ما عدتُ أنا نفسي أعرفني، فأنا التي ضغطوا على قلبها حتى

عصروه وَهَوَتْ آخر قطرة دم فيه، وأنا التي جلدوا قلبها بكلماتهم القاسية الفتاكة، كلماتهم الشبيهة باللكمات، أنا التي جزروا فؤادها وعقروه بنظراتهم الحادة كالسكاكين والسيوف؛ فماذا كان سيحدث لو أنهم لأنوا لي ورأفوا بي؟ لو أنهم رقّوا لي ورفقوا بي، وماذا كان سيحصل لو أنهم ضمّوا يداي وأوقفوا قفقفاتها وطمأنوا قلبي وكبحوا رجفاته؟ وما الذي كان سيقع لو أنهم مرّرُوا أكُفّهم على رأسي ماسحين بها على شعري؟ لو حجروا دمعي في عيني وعرقلوا مَسيلَه على خَدِّي، لو لم أغفو مُهَنَّفة ومُستدمعة حاضنة لنفسي، فأنا لم أكن أبتغي أيادٍ ترفع معي السيف، وإنما كنت ألتمس أن أرى كلما رَنَوْتُ إلى صورهم المعكوسة على سيفي ابتسامات ثقة ونظرات أمل تشع من كل بؤبؤ في عيونهم، ولو أنني كنت سأطمح إلى شيء أعظم وأجَلّ فلن تتجاوز رغبتي سماع كلمة بسيطة منهم تحفزني، كسماع كلمة أنني أستطيع، لكنهم ضربوا لي مثلا بالفاشلين وبالذين باءت محاولاتهم بالفشل حتى أنقهر فلا أتقدم ولا أحاول، فلا يلمزوا ولا يهمزوا، ولا يلوموني على قنوطي منهم وعلى تَبَرُّمي من نَبْشِهِم على أخطائي ومن تنقيبهم عن زلاتي، ولا يؤاخذوني إن لم أرْقُب نظرة فخر منهم فقد تشبعت روحي من الخذلان والخيبات ما يكفي، وقد تلاشت فعالية كلماتهم وتبددت فاعلية جُمَلِهم، صار عقلي يقرؤها ركيكة دون معنى، ما الفائدة وما الجدوى من عُودِي إلى نسختك الأصلية القديمة بعد كل هذا الخراب والدمار؟؟ وهل يعود اللُّعاب إلى أفواهنا بعد أن نبصُق على أحدهم؟؟ فلقد أقسمتُ على ألا أفُكَّ أسْرَ تلك الصغيرة بداخلي ولو كان بكاؤها وصراخها يُضعفني ويُهْزِلُني، وعاهدتُ نفسي على ألا أهِنَ ولا أعجز، سأحذو حذو السبيل الكَؤود الوعر ولو كان مليئا بالأشواك سأدوسها وأمضي وأمضي....، ولو نزفت قدماي وسالت دماؤها فلن أجتث أو أقتلع تلك الأشواك من طريقي فأنا أبدا لا أنحني، تحصنتُ

بدرع من حديد يقيني أذى الرياح القوية التي ترجو أن تعرقل تقدمي، واعتصمتُ من كل بعيد هَمَسَ في الآذان الصاغية من ذوي القربى بِشَرٍّ عَنِّي؛ وما زالت تلك الأيادي تسحبني بكل قوة ومراس إلى الوراء، وما زال القرآن الكريم يتلقف هُزالي ووهني، وما مَلَّت سجادة الصلاة من احتضان أَدْعِيَّتي وشكواي سوء حالي، ما زال تقربي من ربي خير من يُربت على كتفي، تَشفى منه علتي وتنهل روحي منه طبطبات.

ارتواء القلب

الحياة بئر والأيام التي نحياها في هذه الحياة ما هي إلا رشفات نرشفها من هذا البئر، تارة يَسقينا ماءً مُرًّا فلا يستسيغ لِسانُنا طعم البِسيلة، وتارة أخرى يُشْبِعُنا ماءً مالحا أُجاجا فينفر لساننا من طعمه الحراق الزعاق، ومرة يروينا ماءً عذبا فراتا فَيَسْتَطيبُ اللسان المذاق وتروق لنا لَذَّتُهُ، فنتمنى ألا نظمأ أبدا وأن يمكث طعم العذوبة في أفواهنا، فلا نغامر بأن نتذوق بعد هذا الطعم مرارة أو ملوحة، ونظل نهل من بئر الحياة أياما وأياما، يسقينا هذا البئر أياما حلوة أو مُرَّةً، يُديرنا بين الدَّبير والقَبيل ويُقَلبنا بين الخطيئة والنزاهة.

الحياة كتاب وأيامها صفحات، وما زالت الرياح تُدَحرجنا بين صفحات هذا الكتاب، تتوقف بنا طَوْراً بين صفحات كاسفة كئيبة، وأحيانا بين صفحات الوجد والحنين فنسعى إلى أن نتدحرج أكثر وأكثر لِنُتلف هذه اللهفة ونزهقها من وجداننا، وفي حِجىً أخرى تقودنا إلى صفحات يتهلل فيها وجهنا ويسطع نورا انعكاسا لبريق هذه الصفحات وميضها، فَنَهْفُو وَنَتُوقُ إلى أن تُطْبِقَ الرياح دفتي كتاب الحياة وتغلق علينا بين صفحاته المُشِعَّة ضوءا والمتوهجة ضياءً، فلا نَصِلُ بعدها إلى صفحات أخرى يغمرها شجىً أو مُدَلَّه.

ونستمر في الارتشاف من بئر الحياة كل ما هو مُرٌّ وما هو مالح، بُغْيَةً وتَطَلُّعا في بلوغ الرشفات العذبة، ونمضي ونمضي حتى ننغمس في الصفحات العابسة المهمومة، ونقع في صفحات تَلِجُّ بنا الشوق والحنين إلى جمام الصدر وسكونه، فنهفو ونميل إلى أن ندرك الصفحات الساطع سَناها والمتألق لمعانها، فيأتينا رمضان

كالرشفة العذبة من بئر الحياة، ويُقْبِل علينا كالصفحات المضيئة من كتاب الحياة، رمضان هو مذاق الرشفة الأُجاجة التي نبتغي أن تبقى في أفواهنا وألا يتوارى هذا المذاق عن أفواهنا أبدا، رمضان هو نور الصفحات المُنيرة التي نأمل أن نظل بين أحضانها فلا يحتجب انعكاس نورها عن وجوهنا، رمضان هو ربيع الأحلام الذي نرقُبه بشوق ولهفة لتُزْهِرَ أرواحنا بعدما جَلَدَها الشتاء الجِدّ قاسي، وبعدما جافى الخريف أحلامنا وطارت بها الرياح كَوُرَيْقات الشجر عندما يَبَّسَتْها شمس الصيف القاسية؛ أرواح مُرهَقة ومُمَزَّقة جابت الزمان وطافت بين الأيام، سَعَت إلى تحقيق الأحلام، وَرَكَلَها الزمان فزلزل توازنها وَهَزَّ اعتدالها حتى غَشِيتها العِلَل، هَفَت هذه الأرواح السقيمة إلى تناول البلسم المُداوي الأصح، أرادت أن يُنسيها مآسيها، ويُلهيها عن التدبُّر فيها، فكان رمضان لهذه الأرواح شفاءً من كل خطب جَلَل وترياقا للقادم من العِلَل، خَفَقَ القلب شوقا له وارتَجَّت الروح هياما بِلَياليهِ، أحصى العقل كل الثواني التي تفصله عنه، فما أَوْسَمَكَ يا رمضان! وما أحلى الفرحة بك وهي تَثِبُ وَتَنِطُّ في أفئدتنا، أحكمت علينا البهجة والبشائر سُطوَتها فغدا مطلع رمضان ومُستهله دَعَة الجَنان، نفحات من نسيم الفجر العليل، لُقمةٌ تُخَزَّنُ في البطن لتصونه من مَسْغَبَةٍ وجوعٍ ورشفة تروي وتعصم من العطش، في الفجر كل شيء مميز ومختلف، حتى ماء الوضوء تُحِسُّهُ يلاطفك عندما يحاذي جلدك، حتى النوافلُ قُبيل أذان الفجر تُشْعِرُكَ أنها عطية وفضيلة قبل أن تكون مَأْثَرَة ومَحْمَدَة، وصلاة الفجر غُرَّةُ الصيام وافتتاحيةُ الهبة والهدية، حروف القرآن الكريم التي تُهَمْهِمُ بها الأفواه فيّاضة نَفّاحَةٌ ومعطاءة فيّاحَةٌ، راحة للمُهجة ومن الهَمِّ والشجن كانت لها خير استراحة، يوم من ذكر الله لا يخلو وصدى العبادة في الصدر يشدو، رَوَاحٌ تَعَطَّرَ وتَضَمَّخَ بصوت قارئ القرآن وَجَوٌّ أرِجَ بِطِيبِ الطعام،

الْتَأَمَ الشمل وتَكَتَّلْنا حول مائدة الإفطار مُتآلفين بعد صلاةٍ مغربٍ يسبقها سقي للروح بشربة ماء وازدراد لِثُلَّةٍ من التمر مصطفاة بالفرد، حامدين شاكرين الله على نعمة الأناة والصبر، ويَحينُ موعد صلاة العشاء فنؤدي التراويح في أعقابها، وهنا نُهْرِقُ أرواحنا من قَتامَتِها وغَيْهَبانِها، ومن اسودادها وَدُهْمَتِها، فنرتد خفافا كالبَغَش والرَّذاذ يُشِعُّ مِنّا البهاء والسَّناء فقد أشرق في الروح فَلَق طارف جديد.

خلفاء في الأرض

سُهْدٌ وَسُهادٌ وَسَهَرٌ، أَلْغَزْتَ عليك الأبواب فَغَدَوْتَ مُبْهَماً، ترنو في كل هُنيهة للساعة تَعُدُّ الوقتَ وأنت تتأهب لامتحانك دون تهاون أو تقاعس، قد يخونك خيالك ويمكر بك فيقتادك إلى فترة ما بعد امتحانك الذي تَتَجَهَّزُ له وتُحضِّرُ له، تَشْرُدُ في خيالك فتندَثِرُ فيه وتَسْرَحُ في دُروبه، تَغْفُلُ عن الوقت ولا تدري به، تُحالِلُ لحظات النجاح وتحياها، تتذوق متعة التفوق فتهواها، تصبو وتهفو إلى أن تظل سائخا في غمرة النجاح وَمَسَرّتِهِ، تنتشي من فأل السرور والبِشر جرعات زيادة من السعادة فتنسى أيام الجِدِّ والتعب، أيام المثابرة ومجاهدة النفس على الاجتهاد وبذل أقصى جهد؛ طقطقة أصابع توقظك من مُسارَعَتِكَ للأحداث والوقائع ومُسابَقَتِها، تُفزِعك فتصحو من سباتك وتَجْلَأُ من حُلُمِكَ، فَتَفْطِنُ أنك ما زلت في بَدْأَةِ الدرب ومقدمته، وأنَّ عليك أن تكِدَّ وَتَكْتَدِحَ أكثر وأكثر لتبلغ المستقر الذي يَسُرّ، تتهادى وتَلُوح أمام عينيك فكرة، لو أنك في الامتحان وعقلك أجوف خالي ومقفر، نتيجتك ستكون مُخزية كالصِفر، ستتحسر وتتأسف وتندم على التفريط في العمل، وعلى التراخي والكسل، لكن!! ما نفع الندم بعد فوات الأوان؟ وما الطائلة من جَلْدِ الذات وما كان قد كان؟ هكذا ستكون أول ليلة في القبر، سَتَعْلَمُ وتُلِمُّ بعاقبة اختبارك على الأرض، إن أفلحتَ وكنتَ على تلك البسيطة خير خليفة فستظفر بالرغد والنعيم الأبدي السرمدي، ستنسى كل الأيام الصعبة العسيرة، وستقول للقبح والدمائة وداعا! وستتشرف باستضافة الرواء والفروهة وتبجيلها، ستحمد الله على أنكَ لم تتوانى عن العبادة ولم تَمَل، وعلى أنكَ تَأَهَّبْتَ وعَزَمْتَ وما ضَعُفْتَ ولا أَهْمَلْتَ، ولكن إن فشلتَ وأخفقت في الامتحان ستندم على استهتارك

وعلى عدم مبالاتك، سترجو وتتوسل بأن تُعَمِّر على الأرض من جديد، فقط لتستغرق في النسك والعبادة وتُصلِحَ المعصية بالبراءة والحصانة، وتبدل السيئة طهرا وطهارة، لكن الرجاء والتوسل لن يجدي نفعا ولن يفيد، حتى الندم وقتها لن يسمن ولن يغني من جوع، الآن وأنت حَيٌّ على ساحة الاختبار، على هذه الأرض، فتَذَكَّر أنك لستَ بباقٍ ولا بأزلي، أنك خليفة الله في أرضه وأنك وقتي وفاني، فكُن حاذقا في التهيأ للاختبار حتى تتفوق ولا ترسب يوم لا تملك ندما ولا تقوى حتى على الفرار. فاللهم أحسن خاتمتنا!

الفهرس